Karl Rahner

Was Weihnachten bedeutet

Karl Rahner

Was Weihnachten bedeutet

Mit einem Geleitwort von
Karl Kardinal Lehmann

herausgegeben von
Andreas R. Batlogg und Peter Suchla

HERDER

FREIBURG · BASEL · WIEN

MIX
Papier aus verantwor-
tungsvollen Quellen
FSC® C106847

© Verlag Herder GmbH, Freiburg im Breisgau 2014
Alle Rechte vorbehalten
www.herder.de
Einband: Verlag Herder
Satz: SatzWeise, Föhren
Herstellung: fgb · freiburger graphische betriebe
www.fgb.de
Printed in Germany
ISBN 978-3-451-34903-4

Inhalt

Geleitwort   *9*

von Karl Kardinal Lehmann

Weihnachten   *15*

Die Antwort der Stille.
Brief an einen Freund   *33*

Nachwort der Herausgeber   *45*

von Andreas R. Batlogg und Peter Suchla

Geleitwort

„Alle Jahre wieder ..." – feiern wir Weihnachten. Was feiern wir da? Und wie? Angesichts einer stetig wachsenden, kaum mehr steuerbaren Kommerzialisierung, der sich nicht viele ganz entziehen können, stellen sich solche Fragen dringender denn je. Karl Rahner ist ihnen Zeit seines Lebens nicht ausgewichen. Er lebte aus und mit dem Kirchenjahr[1], weil er lebenslang ein betender und im Glauben der Kirche verwurzelter Mensch war. Als Theologe versuchte er, auf verschiedenen Ebenen – in Artikeln und Abhandlungen ebenso wie in Predigten und Meditationen – Menschen von heute die Festgeheimnisse des Christentums näherzubringen und zu erklären.

Dass Gott Mensch geworden ist, der ewige Logos, das ewige Wort – wie die Heilige Schrift und die Überlieferung der Kirche sagen – einer von

---

[1] Vgl. K. Rahner, Kleines Kirchenjahr, München o. J. (1954), jetzt in: ders., Sämtliche Werke. Bd. 7: Der betende Christ. Geistliche Schriften und Studien zur Praxis des Glaubens. Bearbeitet von A. R. Batlogg. Freiburg i. Br. 2013, S. 117–189; ders., Das große Kirchenjahr. Geistliche Texte, hrsg. von A. Raffelt, Freiburg i. Br. 1987, ²1988.

uns wurde, das hat Karl Rahner umgetrieben, auch in den beiden kurzen, hier neu veröffentlichten, unter dem Titel „Was Weihnachten bedeutet" zusammengefassten Texten „Weihnachten" und „Die Antwort der Stille".

Es ist in der Rahner-Auslegung schon seit Jahrzehnten bekannt, dass viele theologische Reflexionen Karl Rahners auf spirituelle Impulse zurückgehen[2], nicht umgekehrt, als ob die geistlichen Besinnungen nur die nachträgliche Anwendung der vorgängigen Theorie wären. Hinsichtlich der Christologie habe ich versucht, auf solche geistlichen Impulse im Werke Karl Rahners in meinem Geleitwort zu dem Bändchen „Bekenntnis zu Jesus Christus"[3] hinzuweisen. Sie fundieren seine stärker in der wissenschaftlichen Diskussion angesie-

---

[2] Dazu vgl. K. Lehmann/A. Raffelt (Hrsg.), Karl Rahner-Lesebuch. Aktualisierte Sonderausgabe [4. Auflage], Freiburg i. Br. 2014, 13*–38* (Lit.), aktualisierter Text, ursprünglich aus dem Jahr 1970.

[3] K. Rahner, Bekenntnis zu Jesus Christus, Freiburg i. Br. 2014, S. 9–20, bes. 12 ff. Eine kurze Übersicht über die sonstigen christologischen Arbeiten Rahners bietet dort das Nachwort auf den Seiten 54–62.

delten Vorträge und Publikationen – wie etwa die bedeutsame Freiburger Rede von 1956 „Zur Theologie der Menschwerdung"[4]. Der Weg führt oft von den ersten spirituellen Einsichten zu den tiefschürfenden theologischen Gedankengängen – und von dort wieder zurück ins geistliche Leben.

Andreas R. Batlogg SJ und Peter Suchla haben für den vorliegenden kleinen Band wiederum ein die Entstehung und die Inhalte erschließendes Nachwort verfasst, in dem der Leser mehr erfährt.

Möge dieses Bändchen in einer mittlerweile bewährten Reihe vielen helfen, den christlichen Gehalt von Weihnachten neu zu entdecken und zu verstehen. Pater Karl Rahners Überlegungen können dazu dienen.

Mainz, 8. Juli 2014   *Karl Kardinal Lehmann*

---

[4] K. Rahner, Sämtliche Werke. Bd. 12: Menschsein und Menschwerdung Gottes. Studien zur Grundlegung der Dogmatik, zur Christologie, Theologischen Anthropologie und Eschatologie. Freiburg i. Br. 2005, S. 309–322, aber auch insgesamt dort die Seiten 251–352; Karl Rahner-Lesebuch, S. 181–245.

Weihnachten

Wir feiern heute Weihnachten. Ach Gott, das ist so ein frommer Brauch. Ein Tannenbaum mit Lichtern und ein paar netten Geschenken, Spannung der Kinder und ein wenig Weihnachtsmusik ist immer schön und rührend. Und wenn das Religiöse zur Steigerung der Stimmung beigezogen wird, dann ist es besonders schön und rührend. Wir haben ja alle – wer wird es uns verargen – so insgeheim immer ein wenig Mitleid mit uns selber und gönnen uns darum gern ein wenig Stimmung, die friedlich und tröstlich ist, so wie man einem verweinten Kind über den Flachskopf streicht und sagt: Es ist nicht so schlimm, es wird schon wieder alles gut.

Ist das *alles* an Weihnachten? Ist das die Hauptsache? Oder ist das Schöne und Gemüthafte, das Stille und Trauliche nur das schöne, milde

Echo eines Ereignisses, das eigentlich an diesem Tag gefeiert wird, und irgendwo ganz anders, viel höher im Himmel, viel tiefer in den Abgründen und viel innerlicher in der Seele geschieht? Ist Weihnachtsfreude und -frieden nur eine Stimmung, in die man illusionistisch flüchtet, oder die Äußerung, die heilige Begehung eines wahrhaftigen Geschehens, zu dem man in der großen Tapferkeit des Herzens aufbricht, damit es auch an uns und durch uns geschehe, weil es auf jeden Fall Wahrheit und Wirklichkeit ist, selbst wenn wir es nicht wahrhaben wollen, selbst wenn wir von ihm nichts mehr begriffen als ein wenig kindliche Romantik und bürgerliche Behaglichkeit?

Die Weihnacht ist mehr als ein bißchen tröstliche Stimmung. Auf *das* Kind, auf das eine Kind kommt es an diesem Tag, in dieser heiligen Nacht an. Auf den Sohn Gottes, der Mensch wurde, auf seine Geburt. Alles andere an diesem Fest lebt davon, oder es stirbt und wird zur Illusion. Weihnacht heißt: Er ist gekommen. Er hat die Nacht hell gemacht. Er hat die Nacht unserer Finsternisse, die Nacht unserer Unbegreiflichkeiten, die grausame Nacht unserer Ängste und Hoffnungslosigkeiten zur Weihnacht, zur heiligen Nacht gemacht. Das sagt Weihnachten. Der Augenblick, da dies geschah, wirklich und für alle Zeiten, soll durch dieses Fest auch in unserem Herzen und Geist Wirklichkeit bleiben.

Wenn wir Menschen so dem durchschnittlichen Empfinden unseres blinden Alltags Glauben schenkten, so müßten wir eigentlich im großen und kleinen zur schrecklichen und verzweifelten Meinung kommen, daß nichts in der Welt geschieht, daß zwar ein ewiges Auf und Ab von Weltgeschehen, von Völkerschicksalen, von persönlichen Widerfahrnissen vorhanden ist, die jetzt gut und freudig, und dann und meist böse und traurig sind, daß aber alles letztlich ziel- und richtungslos in sich selber kreist, sich selber blind und ausweglos verzehrt, daß die Menschen die sinnlose Ziellosigkeit des Geschehens sich nur dadurch verbergen, daß sie sich ängstlich hüten, über den nächsten Tag hinaus zu denken. Von uns her und für uns allein sind wir ein Rätsel, von uns allein her ein ewig grausames Rätsel, das tödlich ist. Wenn wir die Geburt dieses Kindes des heutigen Festes nur von uns her besehen würden, dann könnten wir über es und uns auch nur sprechen, düster und der Bitterkeit voll, was im vierzehnten Kapitel bei Ijob steht: Der Mensch, vom Weibe geboren, kurzen Lebens, an Sorgen satt, blüht auf wie die Blume, verwelkt, flieht hin wie ein Schatten und bleibet nicht. Von uns aus wären wir nur wie ein kleiner Punkt Licht in einer grenzenlosen Finsternis, der nichts könnte als die Finsternis noch schrecklicher machen, wären wir eine Rechnung, die nicht aufgeht: verstoßen in die Zeit, die alles zerrinnen läßt, ins Dasein gezwungen, ohne gefragt zu sein, beladen mit Mühsal und Enttäuschung, sich selbst zur Qual und Strafe durch die eigene Schuld, beginnend den Tod zu leiden im Augenblick, da man geboren wird, ungesichert und gejagt, sich kindisch über all das hinwegtäuschend mit dem, was man die guten Seiten des Lebens nennt, die so aber in Wahrheit nichts wären als das raffinierte Mittel, das dafür sorgt, daß das Martyrium und die Tortur des Lebens nicht zu schnell endet.

Wenn wir aber im Glauben, im entschlossenen nüchternen und über alles andere hinaus tapferen Glauben sagen: es ist Weihnacht, dann sagen wir: Es ist in die Welt und in mein Leben ein Ereignis eingebrochen, das dies alles, was wir Welt und unser Leben nennen, verwandelt hat, das dem „Nichts Neues unter der Sonne" des alten Predigers und dem Grauen der ewigen Wiederkunft des neuen Philosophen ein Ende bereitet hat, durch das unsre Nacht, die schreckliche, die kalte und öde Nacht, da Leib und Geist auf das Erfrieren warten, zur Weihnacht, zur heiligen Nacht geworden ist. Denn der Herr ist da. Der Herr der Schöpfung und meines Lebens. Er sieht nicht mehr aus dem ewigen „alles in einem und auf einmal" seiner Ewigkeit bloß dem ewigen Wechsel meines verrinnenden Lebens tief unter sich zu. Der Ewige ist Zeit, der Sohn ist Mensch, die ewige Weltvernunft, die allumfassende Sinnhaftigkeit aller

Wirklichkeit ist Fleisch geworden. Und dadurch ist die Zeit und das Menschenleben verwandelt worden. Dadurch, daß Gott selbst Mensch geworden ist. Nicht insofern als er aufgehört hätte, er selbst, das ewige Wort Gottes selbst mit all seiner Herrlichkeit und unausdenkbaren Seligkeit zu sein. Aber er ist wahrhaft Mensch geworden. Und jetzt geht ihn diese Welt und ihr Schicksal selber an. Jetzt ist sie nicht nur sein Werk, sondern ein Stück von ihm selbst. Jetzt sieht er ihrem Lauf nicht mehr nur zu, jetzt ist er selber drinnen, jetzt ist ihm selbst zumute, wie es uns zumute ist, jetzt fällt auf ihn unser Los, unsere irdische Freude und unser eigener Jammer. Jetzt brauchen wir ihn nicht mehr zu suchen in den Unendlichkeiten des Himmels, in denen sich unser Geist und unser Herz weglos verlieren, jetzt ist er selbst auch auf unserer Erde, auf der es ihm nicht besser geht als uns, auf der ihm keine Sonderregelung zuteil wurde, sondern unser aller Los: Hunger, Müdigkeit, Feindschaft, Todesangst und ein elendes Sterben. Daß die Unendlichkeit Gottes die menschliche Enge, die Seligkeit die tödliche Trauer der Erde, das Leben den Tod annahm, das ist die unwahrscheinlichste Wahrheit. Aber sie nur – dieses finstere Licht des Glaubens – macht unsere Nächte hell, sie allein macht heilige Nächte.

Gott ist gekommen. Er ist da. Darum ist alles anders, als wir meinen. Die Zeit ist aus dem ewigen Weiterfließen verwandelt in ein Geschehen, das mit lautloser, eindeutiger Zielstrebigkeit auf ein ganz bestimmtes Ende hinführt, darin wir und die Welt vor dem entschleierten Antlitz Gottes stehen werden. Wenn wir sagen: Es ist Weihnacht, dann sagen wir: Gott hat sein letztes, sein tiefstes, sein schönstes Wort im fleischgewordenen Wort in die Welt hineingesagt, ein Wort das nicht mehr rückgängig gemacht werden kann, weil es Gottes endgültige Tat, weil es Gott selbst in der Welt ist. Und dieses Wort heißt: Ich liebe dich, du Welt und du Mensch. Da ist ein ganz unerwartetes, ein ganz unwahrscheinliches Wort. Denn wie kann man dieses Wort sagen, wenn man den Menschen und die Welt und beider grauenvolle und leere Abgründe kennt. Gott aber kennt sie besser als wir. Und er hat dieses Wort doch gesagt, indem er selbst als Kreatur geboren wurde. Dieses fleischgewordene Wort der Liebe sagt, daß es eine Gemeinschaft Aug' in Aug', Herz zu Herz zwischen dem ewigen Gott und uns geben soll, ja daß sie schon da ist (wir können uns höchstens noch wehren gegen den Kuß der Liebe, der schon auf unserem Munde brennt). Dieses Wort hat Gott in der Geburt seines Sohnes gesagt. Und jetzt ist nur mehr eine kleine Weile eine lautlose Stille in der Welt, und aller Lärm, den man stolz die Weltgeschichte oder das eigene Leben nennt, ist nur die List der ewigen Liebe, die eine freie Antwort des Menschen ermöglichen will auf ihr letztes Wort. Und in diesem langen kurzen Augenblick des Schweigens Gottes, der die Geschichte post Christum natum heißt, soll der Mensch in dieser Welt noch einmal zu Wort kommen, und er soll im Beben seines von der Liebe Gottes zitternden Herzens Gott, der als Mensch in schweigendem Warten neben ihm steht, sagen, ich —

nein, er soll ihm nichts sagen, sondern schweigend sich der Liebe Gottes ergeben, die da ist, weil der Sohn geboren ist.

Weihnacht sagt: Gott ist zu uns gekommen, so gekommen, daß er nur mehr mit der Welt und uns zusammen heim kann in seinen eigenen schrecklich herrlichen Glanz. Alles hat sich durch die Geburt des Kindes schon gewandelt. Alles drängt von der Herzmitte der Wirklichkeit, die das fleischgewordene Wort ist, schon mit der Unerbittlichkeit der Liebe hin vor das Antlitz Gottes, ohne daß dort vor seinem brennenden Feuer aus Heiligkeit und Gerechtigkeit die Welt zu nichts verbrennen müßte. Alle Zeit ist schon umfaßt von der Ewigkeit, die selber Zeit wurde. Alle Tränen sind im Innersten schon versiegt, weil Gott selbst sie mitgeweint hat und schon aus seinen eigenen Augen wischte. Alle Hoffnung ist eigentlich schon Besitz, weil Gott schon von der Welt besessen ist. Die Nacht der Welt ist schon hell geworden. Unser eigensinniger Trotz und die Schwachheit unseres Herzens, die Gott nicht größer sein lassen will als unser Herz und darum ihn nicht so klein haben will wie ein kleines Kind, das geboren wird und in einer Krippe liegt, unser Herz will nicht zugeben, daß die Mitternacht schon vorüber ist und der Tag ohne Abend schon die Nacht durchdringt. Alle Bitterkeit ist nur die Mahnung, daß noch nicht offenbar geworden ist, daß schon die eine Weltweihnacht angebrochen ist, und alles Glück dieser Erde ist nur die geheime Bestätigung, die sich selbst meist nicht begreift: daß schon Weihnachten ist.

Das Weihnachtsfest ist darum nicht Poesie und Kinderromantik, sondern das Bekenntnis und der Glaube, der den Menschen allein rechtfertigt, daß Gott aufgestanden ist und sein letztes Wort im Drama der Geschichte schon gesprochen hat, mag die Welt so viel reden und schreien. Weihnachtsfeier kann nur das Echo jenes Wortes in der Tiefe unseres Wesens sein, in dem wir ein glaubendes Amen zum Wort Gottes sprechen, das von der weiten Ewigkeit Gottes in die Enge dieser Welt gekommen ist und doch nicht aufgehört hat, das

Wort der Wahrheit Gottes und das Wort seiner seligen Liebe zu sein. Wenn nicht bloß Kerzenschimmer, Kinderfreude und Tannenduft, sondern das Herz selbst das Jawort zum kindlichen Liebeswort Gottes spricht, dann geschieht wirklich Weihnacht, nicht nur in Stimmung, sondern in der lautersten Wahrheit. Denn dieses Wort des Herzens ist dann wahrhaftig getragen von Gottes heiliger Gnade, Gottes Wort wird dann auch in unserem Herzen geboren, wie die alten Meister sagten: Gott selbst zieht dann in unsere Herzen ein, so wie er in Betlehem in die Welt einzog, so wahr und wirklich, noch mehr als bisher, noch inniger als bisher. Dann machen wir wirklich die Türen unseres Herzens auf und hoch und weit, und es kommt in sein Eigentum Gott, so wie er in der ersten Weihnacht in das Eigentum seiner Allmacht kam, das die Welt ist. Dann aber sagt er uns, was er schon durch seine gnadenvolle Geburt der Welt im Ganzen gesagt hat: Ich bin da, ich bin bei dir. Ich bin deine Zeit. *Ich* bin die Düsterkeit deines Alltags, warum willst du sie nicht tragen?

Ich weine deine Tränen – weine deine mir, mein Kind. Ich bin deine Freude, fürchte nicht froh zu sein, denn seit ich geweint habe, ist die Freude die wirklichkeitsgemäßere Lebenshaltung als die Angst und die Trauer derer, die meinen, keine Hoffnung zu haben. *Ich* bin die Ausweglosigkeit deiner Wege, denn wo du nicht mehr weiter weißt, da bist du, törichtes Kind, schon bei mir angelangt und merkst es nicht. Ich bin in deiner Angst, denn ich habe sie mitgelitten, und ich war auch nicht nach weltlicher Weise heroisch dabei. Ich bin in dem Kerker deiner Endlichkeit, denn meine Liebe hat mich zu deinem Gefangenen gemacht. Wenn die Rechnung deiner Gedanken und deiner Lebenserfahrungen nicht aufgeht, siehe, ich bin der ungelöste Rest, und ich weiß, daß er, dieser Rest, der dich zur Verzweiflung bringen will, in Wahrheit meine Liebe ist, die du noch nicht begreifst. Ich bin in deiner Not, denn ich habe sie erlitten, und sie ist jetzt verwandelt, aber nicht ausgetilgt aus meinem menschlichen Herzen. Ich bin in deinen tiefsten Abstürzen, denn ich habe heute angefangen, abzusteigen zu der Hölle. Ich bin in deinem Tod, denn heute begann ich mit dir zu sterben, da ich geboren wurde, und ich habe mir von diesem Tod wahrhaftig nichts schenken lassen. Bemitleide nicht die, die geboren werden, wie es Ijob tat, denn alle, die mein Heil annehmen, sind in der heiligen Nacht geboren, weil meine Weihnacht alle eure Tage und Nächte umschließt. Ich habe mich selbst, wirklich ganz selbst und ganz persönlich, auf das fürchterliche Abenteuer eingelassen, das mit eurer Geburt beginnt, ich sage euch, meines war nicht leichter und gefahrenloser als eures, ich versichere euch, es hat einen seligen Ausgang. Seit ich euer Bruder wurde, seid ihr mir so nahe, wie ich mir selber bin. Wenn also ich als Geschöpf in mir und in euch, meinen Brüdern und Schwestern, beweisen will, daß ich als Schöpfer mit den Menschen keinen hoffnungslosen Versuch gemacht habe, wer wird euch dann meiner Hand entreißen? Ich habe euch angenommen, als ich mein Menschenleben auf mich nahm, als euresgleichen, als neuer Anfang habe ich in meinen Untergängen gesiegt. Wenn ihr die Zukunft nach euch allein beurteilt, könnt ihr nicht pessimistisch genug sein. Aber vergeßt nicht: Eure wahre Zukunft ist meine Gegenwart, die heute begonnen hat und nie mehr Vergangenheit wird. Darum ist es doch realistischer gedacht, wenn ihr euch an meinen Optimismus haltet, der nicht Utopie, sondern die Wirklichkeit Gottes ist, die ganze Wirklichkeit Gottes, die ich – das unbegreifliche Wunder meiner allmächtigen Liebe – unversehrt und ganz in dem kalten Stall eurer Welt untergebracht habe. Ich bin da. Ich gehe nicht mehr von dieser Welt weg, wenn ihr mich jetzt auch nicht seht. Wenn du, armer Mensch, Weihnachten feierst, dann sag zu allem, was da ist und was du bist, nur das eine – sag es mir: Du bist da. Du bist gekommen. Du bist in alles gekommen. Selbst in meine Seele. Selbst hinter den Trotz meiner Bosheit, die sich nicht verzeihen lassen will. Mensch, sag nur das eine, dann ist auch für dich Weihnachten, sag nur: Du bist da. Nein, sag nichts. Ich bin da. Und meine Liebe ist seitdem unbesieglich. Ich bin da. Es ist Weihnachten. Zündet die Kerzen an. Sie haben mehr recht als alle Finsternis. Es ist Weihnacht, die bleibt in Ewigkeit.

Die Antwort der Stille

Brief an einen Freund

*W*eihnachten? Man sagt das Wort fast etwas verzagt, denn kann man jemandem heute wirklich verständlich machen, was damit gemeint ist: Weihnachten feiern? Klar ist, daß es bei diesem Fest nicht mit dem Christbaum, Geschenken, trautem Heim und ähnlich rührendem, aber doch mit milder Skepsis weitergetriebenem Brauch getan ist. Was aber darüber hinaus? Nun, es sei gewagt, Dir so etwas wie ein Rezept zu geben.

Die großen Erfahrungen des Lebens sind zwar Geschick, Geschenk Gottes und seiner Gnade, aber sie werden doch meist nur dem zuteil, der bereit ist, sie zu empfangen. Sonst geht der Stern über seinem Leben auf, aber er ist blind für ihn. Für die hohen Stunden der Weisheit, der Kunst und der Liebe muß sich der ganze Mensch, mit Leib und Seele, vorbereiten, darum auch für die großen Tage der Feier unseres Heiles. Überlasse sie also nicht dem Zufall, trotte nicht verdrossen und alltäglich gestimmt in sie hinein. Bereite Dich, wolle Dich bereiten – das ist das erste.

Und ein Zweites: Hab' den Mut, allein zu sein. Erst wenn Du das wirklich zustande gebracht hast, wenn Du es christlich getan hast, kannst Du hoffen, ein weihnachtliches Herz, also ein sanftes, geduldiges, tapfer gefaßtes, leise zärtliches Herz jenen zu schenken, die Du Dich zu lieben bemühst. Dieses Geschenk ist die eigentliche Gabe unter dem Christbaum, sonst sind alle anderen Geschenke doch nur unnütze Ausgaben, die man auch zu anderen Zeiten machen kann. Also halte es zunächst einmal eine Weile mit Dir aus. Vielleicht findest Du ein Zimmer, wo Du für Dich sein kannst. Oder Du kennst einen stillen Weg oder eine einsame Kirche.

Rede dann nicht mit Dir selber wie mit den anderen, mit denen wir diskutieren und uns zanken, selbst wenn sie nicht da sind. Warte, horche, erwarte kein seltsames Erlebnis. Leere Dich nicht anklagend aus, genieße Dich nicht. Laß Dich schweigend auf Dich selbst zukommen. Vielleicht wird Dir dann recht entsetzlich zumute. Vielleicht merkst Du, wie fern Dir doch alle sind, mit denen Du täglich umgehst und von denen es heißt, daß man ihnen in Liebe verbunden sei. Vielleicht nimmst Du nichts wahr als ein unheimliches Gefühl der Leere und Erstorbenheit.

Halte Dich aus, Du wirst erfahren, wie alles, was sich in solcher Stille meldet, umfaßt ist von einer namenlosen Ferne, wie durchweht von etwas, das wie Leere erscheint. Nenne es noch nicht Gott! Es ist nur das, was auf Gott verweist und uns in seiner Namenlosigkeit und Grenzenlosigkeit ahnen läßt, daß Gott etwas anderes ist als noch ein Ding mehr, denen hinzugefügt, mit denen wir es sonst zu tun haben. Es läßt uns Gottes Anwesenheit innewerden, wenn wir still sind und nicht vor dem Unheimlichen, das in der Stille west und waltet, erschreckt fliehen – und wäre es zum

Christbaum oder zu handfesteren religiösen Begriffen, die die Religion töten können.

Doch das ist nur der Anfang, nur die Vorbereitung einer Weihnachtsfeier für Dich. Wenn Du es so bei Dir aushältst und das Schweigen von Gott reden läßt, dann ist dieses laut rufende Schweigen seltsam zweideutig. Es ist zugleich die Angst des Todes wie die Verheißung der Unendlichkeit, die Dir segnend nahe kommt, und sie sind zu nahe beisammen und sich zu ähnlich, als daß wir von uns aus die ferne und doch nahe Unendlichkeit zu deuten vermöchten. Aber gerade in dieser Unheimlichkeit lernen wir uns recht verstehen und das süße Heimliche der Unheimlichkeit annehmen. Und gerade das ist die Weihnachtsbotschaft: Gott ist Dir wirklich nahe dort, wo Du bist, wenn Du offen bist auf dieses Unendliche hin. Dann nämlich ist die Ferne Gottes zugleich seine unbegreifliche, alles durchdringende Nähe.

Er ist zärtlich da. Er sagt: Fürchte Dich nicht! Er ist inwendig im Kerker. Traue dieser Nähe, sie ist nicht Leere. Laß los, dann findest Du. Gib auf, und Du bist reich. Denn Du bist in Deiner inwendigen Erfahrung gar nicht mehr angewiesen auf das greifbar Harte, das sich behauptend sich vereinzelt, das festgehalten werden kann. Du aber hast nicht nur solches, denn die Unendlichkeit ist Nähe geworden. So mußt Du Deine inwendige Erfahrung deuten und sie so als das hohe Fest des göttlichen Abstiegs der Ewigkeit in die Zeit, der Unendlichkeit in die Endlichkeit, als die Hochzeit Gottes mit seinem Geschöpf erfahren. Solches Fest geschieht in Dir – die Theologen nennen es trocken „Gnade" –, es geschieht in Dir, wenn Du still bist, wartest und – glaubend, hoffend und liebend – richtig, das heißt von Weihnachten her, deutest, was Du erfährst.

Diese Erfahrung des Herzens läßt die Botschaft des Glaubens von Weihnachten erst recht verstehen: Gott ist Mensch geworden. Freilich, das sagen wir so leicht daher. Wir stellen uns diese Menschwerdung so vor, als sei sie eine Art Verkleidung Gottes, so daß Gott im Grund doch nur der bloße Gott sei und man nicht recht wisse, ob er wirklich da ist, wo wir sind. Gott ist Mensch – das heißt nicht, er habe aufgehört, Gott in der unbeschränkten Fülle seiner Herrlichkeit zu sein. Es heißt nicht: Das Menschliche an ihm ist etwas, das ihn doch nicht recht angeht und nur hinzugenommen ist und eigentlich nichts über ihn, nur etwas über uns aussagt. Gott ist Mensch, sagt wirklich etwas über Gott aus.

Man darf das Menschliche Gottes weder in totaler Einerleiheit mit Gottes Gottheit gleichsetzen, noch wie ein in sich selbst allein dauernd Zurückfallendes bloß neben Gott hinlegen, es durch ein leeres „und" mit ihm verbal verbindend. Wenn Gott dieses sein Menschliches zeigt, dann ist es immer uns so begegnend, daß er selber da ist. Weil wir Gottheit und Menschheit im fleischgewordenen Wort des Vaters nur nebeneinander setzen, statt zu begreifen, daß sie beide demselben, einen Grund entspringen, darum sind wir dauernd in Gefahr, jedesmal die Stelle zu verfehlen, wo das selige Geheimnis von Weihnachten in unserem sich selbst übersteigenden Dasein den

Ort findet, an dem es sich als unser Heil in unser Leben und unsere Geschichte einfügt.

Vergiß dabei nicht: Jesus ist nach dem Zeugnis des Glaubens wahrer Mensch, das heißt aber, einer wie Du und ich; ein endlicher, freier, das unbegreifliche Geheimnis seines Daseins gehorsam annehmender Mensch, einer, der antworten muß und antwortet, der gefragt ist und die Frage hört, die Frage, die unendlich ist und nur beantwortet wird in jener letzten Tat des Herzens, das sich an das unendliche Geheimnis liebend und gehorsam ausliefert, in einer Tat, in der die Annahme geschieht in der Kraft des Angenommenen selbst. So war es auch der, dessen Anfang Du feiernd begehen willst. Weil er als Mensch annahm, kannst auch Du es wagen, wie er zu tun: Der Unbegreiflichkeit still und glaubend „Vater" zu sagen, sie anzunehmen, nicht als die tötende Ferne und das verzehrende Gericht über unsere Erbärmlichkeit, sondern als die maßlose, vergebende Nähe. Denn er ist Gott und Mensch zugleich: Geber, Gabe und Empfang, Ruf und Antwort zugleich.

Es wäre also gut, wenn wir die Erfahrung unseres Herzens beschwören würden, um selig zu ahnen, was gemeint ist mit der Menschwerdung des ewigen Gottes. Es wäre gut, wenn das in jener Stille geschähe, in der allein man, um sich wissend, bei sich selber ist. Diese Stille, im Glauben an die Weihnachtsbotschaft richtig verstanden, ist eine Daseinserfahrung des unendlichen Menschen, eine Daseinserfahrung, die uns etwas sagt, was nur so ist, weil Gott selbst Mensch geworden ist. Würden wir uns anders erfahren, wäre Gott nicht als Mensch geboren.

Wenn wir das stumme Ungeheure, das uns wie Ferne und doch wie das nahe Überwältigende zumal umgibt, annehmen als die bergende Nähe und die zarte Liebe, die sich gar nichts vorbehält; wenn wir den Mut haben, uns so zu verstehen, was man nur in der Gnade und im Glauben kann – ob man es weiß oder nicht –, dann haben wir die Weihnachtserfahrung der Gnade im Glauben gemacht.

Sie ist sehr einfach, aber sie ist der Friede, der den Menschen göttlichen Wohlgefallens im guten Willen verheißen ist.

Nachwort
der Herausgeber

„Man sagt das Wort
fast etwas verzagt"

Karl Rahners Nachdenken
über Weihnachten

Es ist beinahe, als hörte man ihn seufzen oder schwer durchatmen: „Weihnachten? Man sagt das Wort fast etwas verzagt". Oder auch: „Wir feiern heute Weihnachten. Ach Gott, das ist so ein frommer Brauch." Doch als Priester und Prediger ist Karl Rahner SJ schwierigen Themen ebenso wenig ausgewichen wie als Theologe; und das Kirchenjahr war ihm vertraut, er lebte mit ihm, kannte es schon von zuhause, von seiner Familie her, in der die christlichen Feste regelmäßig gefeiert wurden, wo man bei Tisch und abends betete[1].

---

[1] Vgl. A. R. Batlogg, Die Mysterien des Lebens Jesu bei Karl Rahner. Zugang zum Christusglauben. Innsbruck ²2003, S. 125–127.

Als Jesuit setzte er diese Gebetstradition im Rahmen seines Ordens fort, als Priester war das Kirchenjahr mit seinen Leseordnungen sein täglicher Begleiter.

Jenseits des „Weihnachtszaubers"

Für die Weihnachts-Ausgabe eines Pfarrblatts während seiner Zeit als Professor an der Westfälischen Wilhelms-Universität in Münster (1967–1971) ließ sich Rahner befragen: „Was halten Sie von Weihnachten?" Auch dort übernimmt er seine – soll man sagen: skeptische? – Frage: „Weihnachten? Man sagt das Wort fast etwas verzagt; denn kann man jemandem heute wirklich verständlich machen, was damit gemeint ist: Weihnachten feiern?"[2]

---

[2] Karl Rahner, Was halten Sie von Weihnachten?, in: ders., Sämtliche Werke. Bd. 23: Glaube im Alltag. Schriften zur Spiritualität und zum christlichen Lebensvollzug. Bearbeitet von A. Raffelt. Freiburg i. Br. 2006, S. 573.

Wiederholungen verstärken. Dass Rahner das Adjektiv „verzagt" durch Jahrzehnte hindurch übernimmt und auch immer wieder vom „frommen Brauch" spricht, der zu hinterfragen oder mindestens anzufragen wäre, zeigt, dass er den Druck, der auf diesem Fest lastet, kannte – aus familiären Situationen, aus Begegnungen, die sich aus seelsorglichen Kontakten ergaben: „Wenn man ein Christ ist, hat man die Pflicht, sich über diesen *Weihnachtszauber* nichts vorzumachen."[3] So spricht und schreibt einer, der um Zwänge wie Missverständnisse weiß. Der aber auch ein Interesse daran hat, den positiven Festgehalt zu bewahren, zu erklären und im Bewusstsein zu halten: „Gott selbst ist doch unser Nächster geworden. Wenn wir den Grund dieser Nähe und ihre absolute Zusage und Ankunft erkennen in dem, den wir Gottmenschen nennen, dann haben wir die *Weihnachtserfahrung* der Gnade im Glauben gemacht."[4]

---

[3] Ebd.
[4] Ebd.

Dass hinter und in all dem, was mit Weihnachten verbunden ist, auch eine religiöse Erfahrung (eine „Erfahrung des Herzens") möglich wird, daran war ihm gelegen.

Der Textbefund

Die beiden Rahner-Texte, die hier unter dem von uns gewählten Titel „Was Weihnachten bedeutet" zusammengespannt sind, stammen aus zwei unterschiedlichen Epochen, sind sich aber inhaltlich und sprachlich sehr nahe.

Der erste Text, „Weihnachten", ist aus dem in der Folge vielfach aufgelegten Bändchen „Kleines Kirchenjahr" übernommen, das 1954 erstmals erschien und seit 1981 als Taschenbuch vorlag[5]. Die populäre, in verschiedene Sprachen übersetzte

---

[5] Jetzt in: K. Rahner, Sämtliche Werke. Bd. 7: Der betende Christ. Geistliche Schriften und Studien zur Praxis des Glaubens. Bearbeitet von A. R. Batlogg. Freiburg i. Br. 2013, S. 121–125.

Schrift gibt es seit 1968 sogar in Blindenschrift (in zwei Bänden) – ein „Gang durchs Kirchenjahr", wie der aus Anlass der Taschenbuchausgabe hinzugefügte Untertitel präzisiert. Ursprünglich war „Weihnachten" unter dem Titel „Seitdem ich euer Bruder wurde ..." in der Zeitschrift „Hochland" (1951) erschienen und wurde später mehrfach nachgedruckt, unter anderem in der Weihnachtsbeilage der „Süddeutschen Zeitung" (München), im „Konradsblatt" (Karlsruhe) oder in den „Tiroler Nachrichten" (Innsbruck).

Der zweite Text, „Die Antwort der Stille", wurde erstmals 1962 in der Wiener Tageszeitung „Die Presse" veröffentlicht[6], also etwa zehn Jahre später als der erste. 1966 wurde er ins Taschenbuch „Glaube, der die Erde liebt" aufgenommen und damit einem breiteren Publikum zugänglich. Dieser Text ist theologischer angelegt als der erste: „Nach einem Beginn in persönlicher, mystagogi-

---

[6] Jetzt in: K. Rahner, Sämtliche Werke. Bd. 14: Christliches Leben. Aufsätze – Betrachtungen – Predigten. Bearbeitet von H. Vorgrimler. Freiburg i. Br. 2006, S. 153–155.

scher Sprache zum Weihnachtsfest erörtert Rahner hier zentrale Komponenten der Menschwerdung des göttlichen Wortes; seine Intention ist, die Menschlichkeit Gottes nicht von der Gottheit zu trennen."[7]

Denkerisch mühsam bewältigte Theologie

Man kann es nicht oft genug wiederholen, und es genügt, Rahner selber sprechen zu lassen: „Ich würde sagen, mich haben, ohne daß das ein reflexes Programm gewesen wäre, von Anfang an in der Theologie die Fragen beschäftigt, die für ein seelsorgliches, kirchliches und persönliches religiöses Leben von Bedeutung sind. Ich habe wenigstens in den frühen Jahren sehr viel gepredigt, in Innsbruck durch zehn Jahre hindurch fast jeden Sonntag. Ich habe ziemlich oft Exerzitien gegeben, was ich heute leider aus äußeren, technischen

---

[7] H. Vorgrimler, Editionsbericht, in: K. Rahner, Sämtliche Werke. Bd. 14, S. XI–XVIII, hier XV.

Gründen nicht mehr so sehr kann. Ich betrachte, wenn ich es einmal so sagen darf, meine frommen Sachen, ‚Das kleine Kirchenjahr‘, die ‚Worte ins Schweigen‘, das Büchlein ‚Von der Not und dem Segen des Gebetes‘, die Bände von Betrachtungen in den Ignatianischen Exerzitien und vieles Ähnliche, nicht als ein sekundäres Nebenprodukt einer Theologie, die als l'art pour l'art für sich da ist, sondern als mindestens ebenso wichtig wie die eigentlichen theologischen Arbeiten. Ich glaube, daß in manchen Kapiteln ‚Von der Not und dem Segen des Gebetes‘ wenigstens ebensoviel Theologie, denkerisch mühsam bewältigte Theologie, drinsteckt wie in den sogenannten wissenschaftlichen Werken."[8]

Werke wie „Worte ins Schweigen" (1938), „Von der Not und dem Segen des Gebetes"

---

[8] Gnade als Mitte menschlicher Existenz. Ein Gespräch mit Karl Rahner aus Anlaß seines 70. Geburtstages, in: Herder Korrespondenz 28 (1974), S. 77–92, hier 81 f.; jetzt in: K. Rahner, Sämtliche Werke. Bd. 25: Erneuerung des Ordenslebens. Zeugnis für Kirche und Welt. Bearbeitet von A. R. Batlogg. Freiburg i. Br. 2008, S. 3–32, hier 10.

(1949), „Heilige Stunde und Passionsandacht"
(1949) oder „Kleines Kirchenjahr" (1954) firmie-
ren zwar als Monographien, da sie unter diesen
Titeln in Buchform erschienen sind. Jedoch ver-
sammeln sie ursprünglich einzeln erschienene Beiträge, die erst später ein Ganzes ergaben. Gerade
aber wenn man diese Titel vorschnell als „nur"
erbauliche, „fromme", spirituelle Gelegenheits-
schriften oder als Predigtsammlungen abtut, gerät
man leicht in die Gefahr, wie von Rahner selbst
angezeigt, ihre theologische Bedeutung nicht zu
erkennen.

Der Hinweis des engen Freundes und Mit-
arbeiters ist dabei wichtig: „Doch das bedeutet bei
Karl Rahner nicht, daß es neben der notwendiger-
weise abstrakten und trockenen, streng wissenschaftlichen Theologie einen verdünnten Aufguß
,für breitere Kreise' geben dürfe, oder daß er gegen subtile, differenzierte theologische Studien
eine Abneigung hätte. Der Horizont ist einfach
anders. Es geht ihm darum, die Formeln und Be-
griffe der Theologie aus ihrer Erstarrung zu blo-

ßen Werkzeugen zu erlösen, ohne sie auf die Seite zu räumen und ohne sie in ihrem Wert und ihrer Bedeutung als theologische Tradition der Kirche anzutasten, wie dies die Modernisten aller Zeiten tun."[9] Tatsache ist freilich, dass viele Leser sozusagen den Umweg über Rahners „fromme" Schriften nahmen, um von dort her zum „theologischen" Rahner vorzustoßen, der für viele identisch zu sein schien mit dem „schwierigen" Rahner.

Dass man Ansprachen, Betrachtungen und Predigten maßlos unterschätzt, wenn man sie als „fromme Lektüre" abtut, zeigt auch die redaktionelle Einleitung in der Zürcher Jesuitenzeitschrift „Orientierung" zum 1954 erfolgten Nachdruck der Predigt „Christi Himmelfahrt" aus „Kleines Kirchenjahr". Darin heißt es unter anderem, Rahner versuche „die Theologie fromm und für den betenden Laien existentiell fruchtbar zu machen".

---

[9] H. Vorgrimler, Karl Rahner. Leben – Denken – Werke. München 1963, S. 11.

Und weiter: „Es geht ihm nicht um eine systematisch-theoretische Darlegung der christlichen Wahrheiten und auch nicht um eine historisch-liturgische Analyse von Meßtexten, wenn er nun 16 kurze Erwägungen zu den Zeiten und Festen des Kirchenjahres anstellt. Trotzdem stellt dieses ‚Kleine Kirchenjahr' eine Art gelebtes Glaubensbekenntnis dar, in dem von den im praktischen Lebensvollzug des heutigen Menschen empfundenen Schwierigkeiten aus betend die christliche Antwort durch Kreuz und Erlösung ohne Verkrampfung und ohne frömmelnde ‚Kurzschlüsse' schlicht und doch tief bejaht wird. Wer das ganze Büchlein durchbetrachtet hat, gewinnt damit eine geordnete Glaubensschau der wesentlichen christlichen Haltungen von einem Punkt aus, dem ‚lebendigen' Gott."[10]

Diese Analyse ist unserer Einschätzung nach sehr zutreffend: Rahners „fromme" Texte sind in der Tat „eine Art gelebtes Glaubensbekenntnis",

---

[10] Orientierung 18 (1954), S. 97.

er umkreist Problemstellungen, er greift Fragen auf, die keine fiktiven, erfundenen, sondern aus dem Leben bzw. aus der religiösen Praxis genommene sind, er artikuliert Zweifel, und er versucht, in einfachen Worten und unter Vermeidung von Fachausdrücken den theologischen Gehalt näherzubringen. Das ist implizite Christologie, die auf anderen Wegen als dem des hochwissenschaftlichen Diskurses – so wichtig er auch ist – und mit anderen Zielen als einer alle möglichen Aspekte umfassenden Gesamtdarstellung den Wesenskern des christlichen Glaubens erschließt.

Wo Weihnachten zu einer Austauschbörse von Geschenken degeneriert, wo nur noch das Festtagsmenü auf der Agenda steht, kann der Anlass für das Fest gar nicht mehr Thema sein oder thematisiert werden. Der Anlass für Weihnachten ist indes eine Person: Es geht um die Geburt Jesu im Stall von Betlehem. Diesen Jesus bekennen Christen als den Messias, den von Gott gesandten Heiland und Erlöser der Welt, als den, der die existentielle Not der Menschen heilt und die Welt von dem Schicksal, zum Grab des Lebens zu werden, erlöst.

Es gibt eine bemerkenswerte, ursprünglich aus einem 1937 gehaltenen Vortrag im Wiener Logos-Verein stammende Äußerung Rahners, die fast als erste christologische Kurzformel in seinem Werk gelten kann: „Im Christentum, das heißt in Jesus Christus, hat der lebendige Gott den Menschen angeredet."[11] Der unmittelbar folgende Halbsatz zeigt an, was dieses theologische Datum bewirkt bzw. auslöst: „Damit ist eine erschreckende Tatsache in das Leben des Menschen getreten"[12].

---

[11] K. Rahner, Die ignatianische Mystik der Weltfreudigkeit, in: ders., Schriften zur Theologie. Bd. 3. Einsiedeln 1956, S. 329–348, hier 337; jetzt in: ders., Sämtliche Werke. Bd. 7, S. 279–293, hier 284. – Die Formulierung taucht mit einer geringfügigen Abweichung in der Schreibweise auch in dem Aufsatz „Passion und Aszese" (1949) auf. Zu den Hintergründen vgl. A. R. Batlogg, Vom Mut, Jesus um den Hals zu fallen: Christologie, in: ders. – P. Rulands – W. Schmolly – R. A. Siebenrock – G. Wassilowsky – A. Zahlauer, Der Denkweg Karl Rahners. Quellen – Entwicklungen – Perspektiven. Mainz ²2004, S. 277–299, bes. 288 f.
[12] K. Rahner, Die ignatianische Mystik der Weltfreudigkeit, 337; SW 7, S. 284 f.

Weihnachten feiern bedeutet für Rahner, von diesem Erschrecken zu reden, diese Tatsache nicht als eine unter vielen anderen, auf ihre Weise auch interessanten Tatsachen oder Meldungen zu werten, sondern als heilsgeschichtliches Ereignis zu sehen. Hinter einer (ohnehin nicht) idyllischen Krippengeschichte steckt die ungeheuerliche Botschaft: Gott selbst begegnet in diesem Kind, er ist da, unüberbietbar, er sagt sich damit dieser Welt ein für alle Mal zu, er bleibt da.

Es mag verwegen klingen, aber in diesem Zusammenhang lässt sich behaupten: Karl Rahners Theologie, die Art und Weise, wie er sie anlegt, ist auch Ausdruck und Entfaltung des Erschreckens über eine Tatsache, die für ihn als Mensch, als Jesuit und Priester, eine Heilstatsache war – Gott ist Mensch geworden, „et incarnatus est". Darin steckt auch ein Bekenntnis: Für mich ist das wahr, ich glaube daran, dass es so ist – und ich möchte anderen davon erzählen, dies anderen nahebringen.

Ein metaphysisches Schwindelgefühl?

Dass dies in einer Predigt, in einer Meditation, im Radio oder im Fernsehen anders gesagt werden muss als auf einer Tagung von Vertretern des theologischen Studienfachs Dogmatik, versteht sich von selbst. Rahner war daran interessiert, theologische Sachverhalte auch für normalsterbliche Christen verständlich darzustellen, wie es Aufgabe aller ist, die in der Verkündigung tätig sind und dabei nicht ein theologisch geschultes, akademisches Publikum voraussetzen können.

An der Unterscheidung zwischen hochtheologischer Fachsprache und seelsorglichem Reden von Gott lag Rahner viel. Seinem Mitbruder Karl-Heinz Weger SJ (1932–1998) antwortete er einmal: „Der Verkündiger darf nicht meinen, mit seiner christologischen Verkündigung dann – beruhigt – scheitern zu müssen und zu dürfen, wenn er mit der Formel: ‚Gott ist Mensch' (geworden) bei einem Menschen von heute nicht ‚ankommt'; er hat durchaus die Möglichkeit und die Pflicht, eben dies ‚anders‘ zu sagen, auch wenn er bei seinem Hörer um Verständnis darum werben muß, daß die Wahrheit von Jesus nun einmal kirchenamtlich legitim gerade ‚so‘ ausgesagt wird, wenn er sich selber diese Wahrheit auch anders verständlich machen muß und darf. Wenn jemand bei dem Satz ‚Gott ist Mensch‘ ein metaphysisches Schwindelgefühl empfindet, das seinen Glaubensmut lähmt, dann soll er schlicht und mutig sagen: Gott hat mir in Jesus sich selber ganz und unwiderruflich zugesagt; dieses Wort kann nicht mehr überholt und rückgängig gemacht werden trotz der unendlichen Möglichkeiten, die an sich Gott zu Gebote stehen; er hat der Welt und ihrer Geschichte ein Ende gesetzt, das er selber ist, und diese Setzung ist nicht nur in den ewigen Gedanken Gottes gegeben; es ist schon in Welt und Geschichte hinein von Gott selbst eingestiftet, eben in Jesus, dem Gekreuzigten und Auferstandenen. Wer dies sagt, der glaubt genau das, was ihm die metaphysische Christologie der Kirche […] sagen und [was ihn] vor falschen Verdünnungen und Umdeutungen schützen will."[13]

Gott ist Mensch geworden

„Frommer Brauch", „Tannenduft", „Kerzenschimmer", „Geschenke", „Weihnachtsmusik", „ein bißchen tröstliche Stimmung", „Weihnachtsfreude" und „Weihnachtsfrieden", „Poesie", „Kinderromantik" – all das gehört natürlich dazu. Aber es ist für Rahner zweitrangig.

Weihnachten ist für ihn „das Bekenntnis und der Glaube, der den Menschen allein rechtfertigt, daß Gott aufgestanden ist und sein letztes Wort im Drama der Geschichte schon selbst gesprochen hat". Konkret heißt das – und mit diesen Worten

---

[13] K. Rahner – K. H. Weger, Was sollen wir noch glauben? Theologen stellen sich den Glaubensfragen einer neuen Generation. Freiburg i. Br. [4]1981, S. 121; jetzt in: K. Rahner, Sämtliche Werke. Bd. 28: Christentum in Gesellschaft. Schriften zur Pastoral, zur Jugend und zur christlichen Weltgestaltung. Bearbeitet von A. R. Batlogg – W. Schmolly. Freiburg i. Br. 2008, S. 528–664, hier 604.

formuliert Rahner vielleicht die kürzeste und anrührendste Fassung des Weihnachtsgeheimnisses überhaupt: „Gott hat sein letztes, sein tiefstes, sein schönstes Wort in die Welt hineingesagt, ein Wort, das nicht mehr rückgängig gemacht werden kann, weil es Gottes endgültige Tat, weil es Gott selbst in der Welt ist. Und dieses Wort heißt: Ich liebe dich, du Welt und du Mensch."

Wenn der Mensch dieses Liebeswort Gottes versteht, sich angesprochen fühlt, „dann geschieht wirklich Weihnacht, nicht nur in der Stimmung, sondern in der lautersten Wahrheit". Dann ist die Nacht unseres Lebens geweiht, eine heilige Nacht, heilig im tiefsten Sinn des Wortes, wie Rahner es an einer anderen Stelle formuliert: „Wenn es nun einen Augenblick der Geschichte gibt, der Geschichte des Einzelnen und der Menschheit, der wie ein Uranfang ist, voll der unübersehbaren Möglichkeiten und Verheißungen, einen Anfang, der alles in seinem geheimnisvollen Schoß birgt, und wenn dieser Anfang unsagbaren, unendlichen Beginnens sogar schon seine Verwirklichung sicher in sich trägt, schon seines Sieges gewiß, schon ebenso Erfüllung wie Verheißung ist, dann müßte man diesen Augenblick die *heilige* Nacht nennen. Nacht, weil Anfang, heilige Nacht, weil seliger und unbesiegbarer Anfang. Man müßte zu solchem Beginn heilige Nacht, geweihte Nacht, Weihnacht sagen. Und darum sagen wir zu dem Fest, das wir heute begehen, Weihnacht. Heilige Nacht. Und wir singen: Stille Nacht, heilige Nacht. […] Mit heiligem Recht. Denn diese Stunde *ist* die heilige Weihnacht. Denn der Glaube der Christen sagt: Da hat es begonnen. Da ist Gott selbst leise aus dem schrecklichen Glanz, in dem er als der Gott und der Herr wohnt, herausgetreten und zu uns gekommen. Still ist er in die Hütte unseres irdischen Daseins eingetreten, erfunden wie ein Mensch. Er hat angefangen, wo wir anfangen, ganz arm, ganz gefährdet, ganz kindlich und sanft, ganz wehrlos. Er, der die unendliche, ferne Zukunft ist, die wir von uns aus nie einholen, weil sie in weitere Fernen zurückzuweichen scheint, wenn wir ihr entgegeneilen auf den harten Straßen unseres Lebens, er ist selbst uns entgegen-gekommen, bei uns angekommen, da wir sonst nicht zu ihm fänden, er ist mit uns unseren Weg zu sich gegangen, damit er ein seliges Ende finde, weil dieses Ende in Jesus auch selbst unser Anfang wurde. Gott ist nahe. Sein ewiges Wort des Erbar-mens ist da, wo wir sind; es pilgert unsere Wege, es kostet unsere Freude und unser Elend, es lebt unser Leben und stirbt unsern Tod. Es hat lind und leise sein ewiges Leben in diese Welt und in ihren Tod eingesenkt. Es hat uns erlöst, da es un-ser Los teilte. Es hat unsern Anfang zu seinem ge-macht, unsern Schicksalsweg betreten und ihn so offen gemacht in die unendlichen Weiten Gottes. Und da es uns unaufhebbar annahm, da das Wort Gottes nie mehr aufhört, Mensch zu sein, darum ist dieser Anfang, der unser und seiner ist, ein Anfang unzerstörbarer Verheißungen, ist dieser nächtlich stille Anfang eine heilige *Weihenacht*."[14]

---

[14] K. Rahner, Sämtliche Werke. Bd. 23: Glaube im Alltag. Schriften zur Spiritualität und zum christlichen Lebensvoll-

Voraussetzungslos ergibt sich weder die Einsicht in das Fest noch eine damit verbundene, manchmal krampfhaft herbeibeschworene oder inszenierte Stimmung. In seinem „Brief an einen Freund", so der Untertitel des zweiten Textes „Die Antwort der Stille", leitet Rahner mystagogisch zu einer Weihnacht*serfahrung* an. Es ist beinahe eine Betriebsanleitung: „Bereite Dich" und „Hab' den Mut, allein zu sein". Im Schweigen, in der Stille Gott reden lassen, mir ein Wort, *das* Wort zusprechen lassen – das führt zu einer „Nähe", die „nicht Leere" ist: „Laß los, dann findest Du. Gib auf, dann bist Du reich. Denn Du bist in Deiner inwendigen Erfahrung gar nicht mehr angewiesen auf das greifbar Harte ..."

Es geht um eine *Erfahrung* der Gnade: „So mußt Du Deine inwendige Erfahrung deuten und sie so als das hohe Fest des göttlichen Abstiegs der Ewigkeit in die Zeit, der Unendlichkeit in die End-

---

zug. Bearbeitet von Albert Raffelt. Freiburg i. Br. 2006, S. 332 f.

lichkeit, der Hochzeit Gottes mit seinem Geschöpf erfahren. Solches geschieht in Dir, die Theologen nennen es trocken ‚Gnade' – es geschieht in Dir, wenn Du stille bist, wartest und – glaubend, hoffend, liebend – richtig, das heißt von Weihnachten her, deutest, was Du erfährst."

Karl Rahner als Mystagoge, als einer, der seine theologischen wie sprachlichen Fähigkeiten einsetzt, damit die Botschaft ankommen und *erfahren* werden kann, damit aus dem weitgehend profanisierten Weihnachtsfest eine „Weihnachtserfahrung der Gnade im Glauben" wird.

So wie Gott sich in der Menschwerdung seines Sohnes in die Welt gleichsam „eingefleischt" hat, kann denen, die sich zu Jesus von Nazaret bekennen und sich auf ihn berufen, die Weihnachtsgeschichte in Fleisch und Blut übergehen, damit sie im sprichwörtlichen Sinn „eingefleischte Christen" werden. Der ewige, ferne, unerreichbare Gott: unüberbietbar nahegekommen in dem Kind in der Krippe von Betlehem – das ist das Mysterium von Weihnachten. Der Name dieses Kindes ist auch Programm: *Jesus, Jeschua* – Gott hilft, Gott rettet, und *Immanuel* – Gott ist mit uns.

Seit über 2000 Jahren zieht „Weihnachten" Menschen in seinen Bann. Karl Rahner hilft dabei, dass die Botschaft lebendig bleibt. Gott hat seine Geschichte damals mit unseren Lebensgeschichten verbunden: kein Märchen, kein Mythos, sondern Wirklichkeit für Christen – Wirklichkeit, die unsere Realität zu ändern vermag. Die Ahnung, dass es so sei, begleitet viele Menschen. Karl Rahner möchte, dass daraus Gewissheit wird: Glaube zum Leben.

Andreas R. Batlogg SJ – Peter Suchla

Karl Rahner – Sämtliche Werke

herausgegeben von der Karl-Rahner-Stiftung
unter Leitung von Karl Kardinal Lehmann, Johann Baptist
Metz, Karl Heinz Neufeld (bis 2005), Albert Raffelt, Herbert Vorgrimler, Andreas R. Batlogg

Karl Rahner (1904–1984) bewirkte als katholischer Dogmatiker mit seinem umfangreichen Werk und seinem Engagement vor, während und nach dem Zweiten Vatikanischen Konzil eine weitgehende Umorientierung des katholischen Denkens in der zweiten Hälfte des 20. Jahrhunderts. Mit philosophischer Gründlichkeit, wissenschaftlicher Stringenz und getragen von persönlicher Frömmigkeit, die sich auch im Werk dokumentiert, wagte er das freimütige, nur dem eigenen Gewissen verpflichtete theologische Wort. Er bewies damit ein „sentire cum ecclesia", das nicht nur das Mitdenken für die Zukunft der Kirche suchte, sondern ein existentielles Mitfühlen und Mitleiden wurde.

Sein Werk regt nach wie vor die kirchliche und theologische Diskussion an. Es setzt sich aus einer Fülle sehr unterschiedlicher Beiträge zusammen, die eine wirkliche Gesamtübersicht bislang kaum ermöglichten. Die vorliegende Gesamtausgabe macht das Werk erstmals in einheitlicher Form zugänglich. Das erleichtert nicht nur den Rückgriff auf Rahners Denken, sondern erlaubt zum ersten Mal eine zutreffende Einordnung der einzelnen Aussagen. Eine ganze Reihe von Texten Karl Rahners kursiert ferner bislang in recht unterschiedlichen Versionen. Das hat Irritationen hervorgerufen, denen die Gesamtausgabe durch eine verlässliche Textfassung abhilft.

Alle Texte in einer sorgfältigen Gesamtausgabe; die Einzelbände jeweils mit Editionsbericht, Quellennachweis und Register.

Der Editionsplan:

I   Grundlegungen (1922–1949 / Bände 1–8)

1) Frühe spirituelle Texte und Studien *(lieferbar)*
2) Geist in Welt *(lieferbar)*
3) Spiritualität und Theologie der Kirchenväter *(lieferbar)*
4) Hörer des Wortes *(lieferbar)*
5/1 und 5/2) Gnadenlehre
6/1 und 6/2) De paenitentia *(lieferbar)*
7) Der betende Christ *(lieferbar)*
8) Der Mensch in der Schöpfung *(lieferbar)*

II   Aufbau (1949–1964 / Bände 9–17)

9) Maria, Mutter des Herrn *(lieferbar)*
10) Kirche in den Herausforderungen der Zeit *(lieferbar)*
11) Mensch und Sünde *(lieferbar)*
12) Menschsein und Menschwerdung Gottes *(lieferbar)*
13) Ignatianischer Geist *(lieferbar)*
14) Christliches Leben *(lieferbar)*
15) Verantwortung der Theologie *(lieferbar)*
16) Kirchliche Erneuerung *(lieferbar)*
17/1 und 17/2) Enzyklopädische Theologie *(lieferbar)*

III Entfaltung (1964–1976 / Bände 18–26)

18) Leiblichkeit der Gnade *(lieferbar)*
19) Selbstvollzug der Kirche *(lieferbar)*
20) Priesterliche Existenz *(lieferbar)*
21/1 und 21/2) Das Zweite Vatikanum *(lieferbar)*
22/1a, 22/1b und 22/2) Dogmatik nach dem Konzil
    (lieferbar)
23) Glaube im Alltag *(lieferbar)*
24/1 und 24/2) Das Konzil in der Ortskirche *(lieferbar)*
25) Erneuerung des Ordenslebens *(lieferbar)*
26) Grundkurs des Glaubens *(lieferbar)*

IV Sammlung (1977–1984 / Bände 27–32)

27) Einheit in Vielfalt *(lieferbar)*
28) Christentum in Gesellschaft *(lieferbar)*
29) Geistliche Schriften *(lieferbar)*
30) Anstöße systematischer Theologie *(lieferbar)*
31) Im Gespräch über Kirche und Gesellschaft *(lieferbar)*
32) Register, Bibliographie, Nachträge

Erhältlich in jeder Buchhandlung!

HERDER